westermann

Fit fürs Gymnasium

10-Minuten-Trainer

Grammatik

Übertritt

4→5

Fit fürs Gymnasium

10-Minuten-Trainer

Grammatik

Autorin:
Katja Vau ist Grundschullehrerin und arbeitet als Autorin für Schulbücher, Unterrichtsmaterialien und Lernhilfen.

Druck A³ / Jahr 2025
Alle Drucke der Serie A sind im Unterricht parallel verwendbar.

Redaktion: Katrin Spiller
Kontakt: lernhilfen@westermanngruppe.de
Illustrationen: Hans-Jürgen Feldhaus, Münster, Thies Schwarz, Hannover
Umschlaggestaltung und Layout: Janssen Kahlert Design & Kommunikation GmbH, Hannover
Umschlagfoto: Getty Images, München: Digital Vision
Druck und Bindung: Westermann Druck Zwickau GmbH, Crimmitschauer Straße 43, 08058 Zwickau

ISBN 978-3-7426-**0290**-9

Vorwort

Liebe Schülerin, lieber Schüler,

du stehst kurz vor dem Übertritt von der 4. in die 5. Klasse und willst dich schnell noch einmal fit fürs Gymnasium machen? Dann ist der **10-Minuten-Trainer** genau das Richtige für dich! Mit diesem Arbeitsheft kannst du alle wichtigen Inhalte des Lernbereichs **Grammatik** wiederholen und üben.

Zu jedem Thema gibt es eine **Doppelseite**, die du in 10 Minuten bearbeiten kannst. So wird der Stoff in übersichtliche Einheiten gegliedert, die dir das Lernen erleichtern.

Anschaulich erklärte **Regeln** und **Tipps** helfen dir bei der Bearbeitung der Aufgaben.

Natürlich gibt es in diesem Heft auch einen **Lösungsteil**, mit dessen Hilfe du überprüfen kannst, ob du die Übungsaufgaben richtig bearbeitet hast. Du findest ihn ab Seite 56.
Übrigens: Für jede gelöste Doppelseite darfst du dich mit einem **Erfolgssticker** belohnen. Klebe ihn einfach in das dafür vorgesehene Feld.

Wenn du im Fach Deutsch noch mehr üben möchtest, sieh dir doch auch den Band *Fit fürs Gymnasium* ***Intensiv-Trainer Übertritt 4→5 Deutsch*** (ISBN 978-3-07-241007-6) an. In diesem Arbeitsbuch findest du zahlreiche Übungen und Tests zu den wichtigsten Lernbereichen des gesamten Deutschunterrichts der Grundschule.

Und damit deine Eltern dich auf deinem Weg ins Gymnasium noch besser unterstützen können, haben wir im Internet unter **www.westermann.de/uebertritt-gymnasium** hilfreiche Tipps und praktische Checklisten für sie zusammengestellt.

Viel Erfolg beim Üben mit dem **10-Minuten-Trainer**!

Das Lernhilfen-Team

Inhaltsverzeichnis

1. Nomen

2. Verben

3. Adjektive

4. Satzglieder und Ergänzungen

5. Subjekt – Prädikat – Objekt

6. Besondere Satzzeichen

Nomen

Konkrete Nomen

Nomen sind Wörter für Gegenstände und Lebewesen.
Lebewesen können Menschen, Tiere oder Pflanzen sein.

Gegenstände: Stein, Haus
Menschen: Schulleiterin, Baby
Tiere: Hund, Fliege
Pflanzen: Gras, Möhre

Nomen werden großgeschrieben.

1 **In jeder Wörterreihe haben sich drei Nomen versteckt. Markiere sie.**

BUNTMUTTERWIRGELBSALATSCHREIBENUNTERKANINCHEN

OFTSCHRANKJETZTKROKODILASTRONAUTMÜSSENLANGNIE

SCHMETTERLINGSTOLPERNNEUKASTANIEZUSAMMENGABEL

MÄDCHENGEFÄHRLICHROSESCHWIMMENNIEMALSFENSTER

2 **Schreibe die Wörter von Aufgabe 1 geordnet auf.**

Gegenstände: ....

....

Menschen: ....

....

Tiere: ....

....

Pflanzen: ....

....

3 **In diesem Text haben sich Fehler eingeschlichen, denn auch die 15 Nomen sind kleingeschrieben. Unterstreiche sie.**

Die viertklässler besuchen heute einen Künstler in seiner werkstatt. Dort fertigt er figuren aus metall an. Die meisten figuren werden sehr groß. Deshalb ist die werkstatt in einer alten scheune untergebracht. Auf dem hof vor der scheune steht eine riesige alte linde. Die bänke rund um die linde sind so lang, dass viele kinder einen sitzplatz finden.

4 **Schreibe den Text ohne Fehler ab.**

....

....

....

....

....

....

....

....

....

....

....

....

....

....

....

Hier kannst du deinen Erfolgssticker platzieren.

Abstrakte Nomen

Es gibt Nomen, die Wörter für **Gefühle** sind:
der Spaß, die Wut.

Es gibt auch Nomen, die Wörter für **Zeiten und Zeitpunkte** sind:
der Morgen, der Tag, der Dezember, Ostern.

1 **Schreibe die Nomen geordnet und mit Begleiter auf.**

die Wut ■ der Ärger ■ die Freude ■ der Neid ■ die Liebe
die Angst ■ das Glück ■ die Eifersucht ■ der Spaß ■ der Mut

Angenehme Gefühle	Unangenehme Gefühle

2 **Setze drei passende Nomen von Aufgabe 1 ein.**

Bei unserem Klassenfest hatten wir alle viel ....
Und dass wir auch noch gutes Wetter hatten, war ein
großes ....! Nur der Hund unserer Lehrerin hatte
am Anfang ein bisschen .... vor den vielen Kindern.

3 **Was kommt als nächstes? Schreibe die Nomen in der richtigen Reihenfolge auf.**

der Abend ■ der Vormittag ■ der Morgen ■ der Nachmittag

der Morgen, ...

der Sommer ■ der Frühling ■ der Herbst ■ der Winter

der Frühling, ...

der November ■ der März ■ der Mai ■ der September

der März, ...

4 **Von kurz nach lang! Schreibe die Nomen in der richtigen Reihenfolge auf.**

das Jahr ■ die Sekunde ■ der Monat ■ die Minute
die Woche ■ die Stunde

die Sekunde, ...

....

....

5 **Welches ist dein Lieblingsfest? Kreise ein.**

Ostern

Geburtstag

Weihnachten

Sommerfest

Silvester

Hier kannst du deinen Erfolgssticker platzieren.

Nomen

Einzahl und Mehrzahl

Nomen haben eine Einzahl (Singular) und eine Mehrzahl (Plural).
In den meisten Mehrzahlformen werden **Endungen** gebraucht:
das Kind – die Kinder, das Schaf – die Schafe,
die Schwester – die Schwestern, das Baby – die Babys.

Manchmal enthält eine Mehrzahlform auch einen Umlaut:
der Vater – die Väter, der Fluss – die Flüsse.

1 **Schreibe die Nomen in der Mehrzahlform geordnet auf. Markiere die Endungen und die Umlaute der Mehrzahlformen.**

~~der Stein~~ ■ das Telefon ■ der Löwe ■ das Bett ■ der Stift ■ das Kino
das Ohr ■ das Pony ■ die Sonne ■ die Hand ■ der Opa
das Gespenst ■ das Buch ■ der Park ■ das Rind ■ das Rad

Nomen auf -er	Nomen auf -en/-n
Nomen auf -s	**Nomen auf -e**
	die Steine

TIPP Bei manchen Nomen klingt die Mehrzahl (Plural) genauso wie die Einzahl (Singular): der Lehrer – die Lehrer.

2 **Benutze die unterstrichenen Nomen in der Mehrzahl.**

Der <u>Wagen</u> fährt schnell. Die Wagen fahren schnell.

Der <u>Gürtel</u> ist schön. ....

Das <u>Mädchen</u> schläft. ....

TIPP Manche Nomen gibt es nur in der Einzahl oder nur in der Mehrzahl.

3 **Setze sechs der Nomen in die passenden Sätze ein.**

Nomen, die nur in der Einzahl vorkommen:
das Obst ■ der Regen ■ die Milch ■ das Gold

Nomen, die nur in der Mehrzahl vorkommen:
die Eltern ■ die Ferien ■ die Röteln ■ die Leute

.... ist gesund, weil es viele Vitamine enthält.

Meine .... heißen mit Vornamen Anja und Frank.

Der .... prasselt aus den Wolken auf das Dach.

Im Sommer sind die .... ganz besonders lang.

Die .... an der Haltestelle warten auf den Bus.

.... ist ein kostbares und teures Metall.

Hier kannst du deinen Erfolgssticker platzieren.

Die Artikel

Auf einen Artikel folgt oft ein Nomen. Daher ist ein Artikel meist ein Signal für die Großschreibung.

Die **bestimmten Artikel** sind **der, die, das**. In einem Satz kann aber auch **des, dem, den** vorkommen.

Die **unbestimmten Artikel** sind **ein** und **eine**. In einem Satz kann aber auch **eines, einem, einen** vorkommen.

1 In diesem Text sind alle Nomen kleingeschrieben. Markiere erst einmal die acht Artikel.

Der schiedsrichter pfeift das spiel an.
Tim spielt den fußball zu Paul. Paul stoppt
den ball mit dem knie. Die zuschauer feuern
die mannschaft an. Torben gelingt ein tor!

2 Schreibe den Text nun ab. Schreibe alle acht Nomen groß.

Der Schiedsrichter ....

TIPP Manchmal steht zwischen Artikel und Nomen noch ein Adjektiv. Das Adjektiv wird aber kleingeschrieben und nur das Nomen wird großgeschrieben.

Tobias rutscht über das nasse Gras.

3 Markiere die Artikel und die dazugehörigen Nomen.

Nach der ersten Halbzeit steht es unentschieden. In der kurzen Pause ermutigt der nette Trainer die müden Kinder. Alle kühlen sich mit dem kalten Wasser die erhitzten Gesichter. Dann singen sie das kämpferische Mannschaftslied. Auf geht es in die zweite Halbzeit!

4 Markiere die Artikel und die Nomen und schreibe die Wortgruppen in der richtigen Groß- und Kleinschreibung auf.

der runde ball der runde Ball ....

die schmutzige hose ....

das verschwitzte hemd ....

ein interessanter sport ....

die neuen schuhe ....

das erfrischende wasser ....

Hier kannst du deinen Erfolgssticker platzieren.

Die vier Fälle (I)

Nomen können in vier Fällen gebraucht werden:

Nominativ: Wer?	der Vater	die Mutter	das Kind
Genitiv: Wessen?	des Vaters	der Mutter	des Kindes
Dativ: Wem?	dem Vater	der Mutter	dem Kind
Akkusativ: Wen?	den Vater	die Mutter	das Kind

1 Setze das Nomen im passenden Fall in den Text ein.

der Hausmeister ■ des Hausmeisters ■ dem Hausmeister
den Hausmeister

Vormittags fegt .... den Schulhof. In der Pause dürfen wir .... manchmal helfen. Die meisten Kinder mögen .... gern. Und den Hund .... mögen alle gern!

2 Setze das Nomen im passenden Fall in den Text ein.

die Sekretärin ■ der Sekretärin ■ der Sekretärin ■ die Sekretärin

Wenn es eine Regenpause gibt, macht .... eine Durchsage. Wenn sie Geburtstag hat, singen die Chorkinder ein Lied für .... und die Eltern schenken .... einen Blumenstrauß. Das knallgelbe Fahrrad .... kennt jedes Kind!

3 **Setze das Nomen im passenden Fall in den Text ein.**

das Sommerfest ■ des Sommerfestes ■ dem Sommerfest
das Sommerfest

Jedes Jahr im Juni findet an unserer Schule .... statt. Jede Klasse bereitet etwas für .... vor. Die Einnahmen .... erhält der Förderverein. Von .... erzählen alle immer noch Wochen später.

4 **Schreibe diese Sätze vollständig ab. Setze dabei das Nomen *Schulleiterin* mit Artikel im richtigen Fall ein.**

... wohnt direkt neben der Schule. ■ Das Auto ... parkt immer vor dem Schultor. Das kleine Gartenstück neben dem Schulhof gehört ... ■ Im Winter haben die Kinder einen Schneemann für ... gebaut.

Die Schulleiterin wohnt direkt ....

....

....

....

....

....

....

....

....

....

....

Hier kannst du deinen Erfolgssticker platzieren.

Nomen

Die vier Fälle (II)

Mit diesen Fragewörtern kann man die vier Fälle erfragen:

1. Fall: Nominativ: **Wer?**
2. Fall: Genitiv: **Wessen?**
3. Fall: Dativ: **Wem?**
4. Fall: Akkusativ: **Wen?**

1 **Schreibe unter jeden Satz die passende Frage aus dem Kasten, die nach dem unterstrichenen Nomen fragt.**

Wessen Fell ist gestreift? ■ Wem begegnet man nur selten?
Wen fürchten die Menschen? ■ Wer ist ein Einzelgänger?

Dem Tiger begegnet man nur selten.

Wem begegnet ....

Der Tiger ist ein Einzelgänger.

....

Das Fell des Tigers ist gestreift.

....

Viele Menschen fürchten den Tiger.

....

2 **Frage nach den unterstrichenen Nomen und schreibe den Fall in die Klammer.**

Der Löwe lebt in Afrika. (Nominativ)

Wer ....

Das Rudel ist dem Löwen sehr wichtig. (..)

....

Die Mähne des Löwen ist buschig. (..)

....

3 **Formuliere die Frage mündlich und schreibe den richtigen Fall hinter das unterstrichene Nomen.**

Das Krokodil lebt in Flüssen. ....

Die Hörner des Büffels sind gefährlich. ....

Giraffen fürchten den Löwen nicht. ....

Die Nacht bietet dem Flusspferd Schutz. ....

Nur selten sieht man ein Nashorn. ....

Der Geier kreist am Himmel. ....

Die Sonne stört den Skorpion nicht. ....

Hier kannst du deinen Erfolgssticker platzieren.

Verben

Personalformen

Verben sagen, was jemand tut oder was geschieht:
springen, lesen, schneien.

Ohne Verben kann man keinen Satz bilden. In Sätzen kommen Verben meistens in einer **gebeugten Form** (Personalform) vor:
Ich springe auf dem Trampolin.
Marie liest am liebsten dicke Bücher.
Es schneit.

1 Welche Wörter sind Verben? Kreise sie ein.

BLUME TRÄUMEN SCHWIMMEN SAMSTAG
RADIEREN FREUDE IGEL PUTZEN ABHOLEN
REGNEN MÜLLTONNE SCHMATZEN RADFAHRER

2 Ergänze die fehlenden Verbformen und markiere die Endungen wie im Beispiel.

	schreiben	**lachen**
ich	schreibe	
du	schreibst	
er/sie/es	schreibt	
wir	schreiben	
ihr	schreibt	
sie	schreiben	

3 **Manchmal verändern sich die Verbformen ein bisschen. Ergänze die fehlenden Verbformen. Benutze das Wörterbuch, wenn du die Verbformen nicht kennst.**

	lesen	**geben**
ich		
du		
er/sie/es		
wir		
ihr		
sie		

4 **Welches Verb passt zum Satz? Verbinde.**

mag	Opa ... seine Katze.
mag	Wir ... den Sportunterricht.
magst	Morgens ... ich gern ein Müsli.
mögen	Du ... keine Erdbeeren?

5 **Schreibe die Sätze von Aufgabe 4 auf.**

Opa ....

....

....

....

....

Hier kannst du deinen Erfolgssticker platzieren.

Zeitformen der Verben

Verben werden in Sätzen in verschiedenen Zeitformen benutzt. Das **Präsens** verwendet man, wenn man über die **Gegenwart** schreibt: **Ich gehe zur Schule.**

Das **Präteritum** verwendet man meist, wenn man über die **Vergangenheit schreibt**: **Ich ging zur Schule.**

Das **Perfekt** verwendet man meist, wenn man über die **Vergangenheit spricht**: **Ich bin zur Schule gegangen.**

Das **Futur** verwendet man, wenn es um die **Zukunft** geht: **Ich werde zur Schule gehen.**

1 **Welcher Text steht in welcher Zeitform? Die markierten Verbformen helfen dir. Schreibe die Begriffe *Präsens*, *Präteritum* und *Perfekt* in die passende Überschrift.**

Ein Text in der Zeitform ....

Gestern bin ich mit meiner Freundin zum Zirkustraining gegangen. Wir haben erst ein Aufwärmspiel gespielt. Dann haben wir Kraftübungen gemacht. Dann ist der schönste Teil des Trainings gekommen: Wir haben uns für einen Trainingsschwerpunkt entschieden. Ich habe wie immer die Luftakrobatik gewählt.

Ein Text in der Zeitform ....

Heute gehe ich mit meiner Freundin zum Zirkustraining. Erst spielen wir immer ein Aufwärmspiel. Dann machen wir Kraftübungen. Dann kommt der schönste Teil des Trainings: Wir entscheiden uns für einen Trainingsschwerpunkt. Ich wähle wie immer die Luftakrobatik.

Ein Text in der Zeitform ....

Gestern ging ich mit meiner Freundin zum Zirkustraining. Erst spielten wir ein Aufwärmspiel. Dann machten wir Kraftübungen. Dann kam der schönste Teil des Trainings: Wir entschieden uns für einen Trainingsschwerpunkt. Ich wählte wie immer die Luftakrobatik.

2 **Schreibe die Verbformen aus den drei Texten in die Tabelle.**

Präsens	Präteritum	Perfekt
ich gehe	ich ging	ich
wir	wir	wir
wir	wir	wir
es	es	es
wir	wir	wir
ich	ich	ich

3 **Schreibe den Text im Futur auf.**

Morgen werde ich mit meiner Freundin zum Zirkus-
training gehen. Erst ....

....

....

....

....

....

Hier kannst du deinen Erfolgssticker platzieren.

Präteritum und Perfekt

Das **Präteritum** verwendet man meist, wenn man über die Vergangenheit **schreibt**: **Ich ging zur Schule. Dort lernte ich.**

Das **Perfekt** wird immer mit **sein** oder **haben** gebildet. Man verwendet es meist, wenn man über die Vergangenheit **spricht**: **Ich bin zur Schule gegangen. Dort habe ich gelernt.**

1 Markiere in jedem Satz die Verbform im Perfekt.

Gerade habe ich ein Eichhörnchen beobachtet. Es ist von einem Baum auf den Boden gesprungen. Dort hat es nach Futter gesucht. Und tatsächlich hat es eine Nuss gefunden. Es hat sie genüsslich gefressen.

fraß, fand, beobachtete, sprang, suchte

2 Schreibe den Text nun im Präteritum auf. Die Verbformen stehen in der Sprechblase oben.

Gestern beobachtete ich ....

....

....

....

....

....

....

....

3 **Schreibe die Verbformen aus den beiden Texten in die Tabelle.**

Grundform	Perfekt	Präteritum
beobachten	ich habe beobachtet	ich beobachtete
springen	es	es
suchen	es	es
finden	es	es
fressen	es	es

4 **Schreibe den ersten Satz jeweils in zwei anderen Zeiten auf.**

Präteritum: Dann putzte es sein Fell.

Präsens: Dann ....

Perfekt: ....

Präsens: Plötzlich kommt ein Hund.

Präteritum: Plötzlich ....

Perfekt: ....

Perfekt: Da ist es auf einen Baum gesaust.

Präsens: Da ....

Präteritum: ....

Hier kannst du deinen Erfolgssticker platzieren.

Zeitformen verwenden

Das **Futur** verwendet man, wenn es um die **Zukunft** geht:
Ich werde zur Schule gehen.

Das Futur wird nur selten benutzt und immer mit **werden** gebildet.

Meist schreiben wir Sätze über die Zukunft aber im **Präsens** zusammen mit einer **Zeitangabe**: **Morgen gehe ich zur Schule.**

1 Schreibe den Text im Futur auf.

Wie geht es wohl nach den Sommerferien weiter? In meine neue Klasse gehen 30 Kinder. Beim Kennenlernnachmittag sehe ich meine neue Klassenlehrerin. Die neuen Fächer Erdkunde und Biologie machen mir bestimmt viel Spaß.

Wie wird es wohl nach den Sommerferien weitergehen?

2 Schreibe die Verben in den richtigen Zeitformen in die Lücken.

Gestern .... wir unsere Abschieds- planen/Perfekt

feier .... Schon auf der Klassen-

fahrt .... wir davon, wie die sprechen/Präteritum

Feier ablaufen könnte. Die Klasse meines

Bruders .... die organisieren/Präteritum

Abschlussfeier letztes Jahr an einem Picknick-

platz auf einer Waldlichtung. Diese Idee

.... meinen Freunden und gefallen/Präsens

mir, weil man dort Fußball spielen .... können/Präsens

Außerdem .... es dort viele geben/Präsens

Kletterbäume. Das .... viele finden/Präteritum

andere Kinder wichtig.

Unserer Lehrerin .... die Idee wirklich gefallen/Perfekt

gut .... Aus diesem Grund

.... sie ...., vorschlagen/Perfekt

heute einmal zu Hause nach der Meinung der

Eltern zu .... fragen/Grundform

Hoffentlich .... wir uns für entscheiden/Futur

diesen Vorschlag ....!

Hier kannst du deinen Erfolgssticker platzieren.

Verben mit Vorsilben

Verben können Vorsilben haben:

sagen – **ab**sagen   raten – **be**raten   fahren – **los**fahren

Die Vorsilben verändern die Bedeutung oder drücken etwas genauer aus.

1 **Eine Vorsilbe passt – die andere Vorsilbe nicht. Streiche durch, was nicht passt, und schreibe wie im Beispiel.**

a) ab + schneiden   ~~vor + schneiden~~: abschneiden

b) durch + bieten   ver + bieten: ....

c) an + geben   zer + geben: ....

d) um + essen   auf + essen: ....

e) los + fallen   ein + fallen: ....

2 **Ein Verb passt – das andere Verb nicht. Streiche durch, was nicht passt, und schreibe wie im Beispiel.**

a) mit + fahren   ~~mit + räumen~~: mitfahren

b) an + helfen   an + kommen: ....

c) auf + machen   auf + schlafen: ....

d) ein + parken   ein + helfen: ....

e) über + graben   über + nehmen: ....

TIPP

Wenn man Verben mit Vorsilben in Sätzen gebraucht, wird die Vorsilbe im Präsens und Präteritum meist abgetrennt. Im Perfekt und Futur wird sie nicht abgetrennt:

Ich gebe an. (Präsens)
Ich habe angegeben. (Perfekt)
Ich gab an. (Präteritum)
Ich werde angeben. (Futur)

3 Bilde mit den Verben kurze Sätze in den vier Zeitformen.

abgeben/Präsens: Ich gebe ab. ....

abgeben/Perfekt: Ich ....

abgeben/Präteritum: Ich ....

abgeben/Futur: Ich ....

losfahren/Präsens: Er ....

losfahren/Perfekt: Er ....

losfahren/Präteritum: Er ....

losfahren/Futur: Er ....

aufräumen/Präsens: Du ....

aufräumen/Perfekt: Du ....

aufräumen/Präteritum: Du ....

aufräumen/Futur: Du ....

Hier kannst du deinen Erfolgssticker platzieren.

Merkmale von Adjektiven

Adjektive informieren über **Eigenschaften** von Dingen:

sauer, billig, freundlich, rot.

1 **In den Buchstabenschlangen haben sich zwölf Adjektive versteckt. Markiere sie.**

asdklkmnettlkjasdglücklichasdhugoffenluuhiuugwindigasdjihj

ohlkböselasjnebeligöasoukjntraurigsldfhsdölkjnsüßsdlkjfhkjd

kjböwütendblhnötigjhblkjbgrünjlhbkljbhkjgemeinökjsdfhökjd

2 **Schreibe die Adjektive von Aufgabe 1 auf.**

....

....

....

....

....

TIPP Viele Adjektive haben ein Gegenteil:
hart - weich.

3 **Schreibe die Gegensatzpaare auf.**

leise ▪ lang ▪ viel ▪ dünn ▪ klug ▪ wenig ▪ dumm ▪ dick ▪ warm
kurz ▪ laut ▪ kalt

leise – laut, ...

....

....

4 **Bei vielen Adjektiven bildet man das Gegenteil mit der Vorsilbe *un-*. Schreibe wie im Beispiel.**

freundlich unfreundlich ....

gerecht ....

sicher ....

ruhig ....

TIPP Zu vielen Adjektiven gibt es Wortfelder.
Das sind Adjektive, die etwas Ähnliches bedeuten.

5 **Streiche das Adjektiv durch, das nicht zum Wortfeld gehört.**

Wortfeld **groß**: riesig gewaltig gigantisch klein umfangreich

Wortfeld **klug**: müde schlau vernünftig gescheit umsichtig

Wortfeld **schön**: prächtig schmutzig hübsch prachtvoll

Hier kannst du deinen Erfolgssticker platzieren.

Vergleichsformen

Adjektive haben eine **Grundform**: groß, alt.

Die allermeisten Adjektive haben auch
- eine **Steigerungsform**: größer als, älter als,
- eine **Höchstform**: am größten, am ältesten.

Wenn etwas gleich ist, benutzt man die Grundform:
so groß wie, so alt wie.

Esche   Platane   Kiefer   Kastanie   Eiche

1 **Setze die richtigen Formen ein: *hoch, höher, am höchsten.***

Die Kastanie ist hoch. Die Eiche ist .... als die Kastanie. Die Esche ist genauso .... wie die Platane. Beide sind .... als die Eiche. Die Kiefer ist ....

2 **Schreibe einen Text über die Tiere. Benutze *schneller als*, *am schnellsten*, *genauso schnell wie*.**

Gepard 120 km/h	Strauß 65 km/h	Känguru 55 km/h	Gabelbock 85 km/h	Feldhase 65 km/h

Das Känguru ist schnell. ....

....

....

....

....

TIPP Es heißt **gut – besser – am besten** und **viel – mehr – am meisten**.

3 **Vervollständige die Tabelle.**

Grundform	Steigerungsform	Höchstform
laut		
nett		
nebelig		
gut		
viel		

Hier kannst du deinen Erfolgssticker platzieren.

Adjektive in Sätzen verwenden

Adjektive informieren über Eigenschaften von Dingen:
Der Zitronensaft ist **sauer**.

Adjektive können vor Nomen stehen und die Nomen genauer beschreiben: der **saure** Zitronensaft.
Meistens verändert sich dabei die Endung des Adjektivs.

1 **Schreibe wie im Beispiel.**

Der Stein ist grau. der graue Stein

Das Bonbon ist lecker. ……………………

Die Mäuse sind klein. ……………………

Der Pilz ist braun. ……………………

Das Brot ist frisch. ……………………

2 **Nun umgekehrt. Schreibe wie im Beispiel.**

das blaue Meer Das Meer ist blau.

der spitze Stein ……………………

die neue Hose ……………………

die niedlichen Hasen ……………………

die nassen Haare ……………………

Fit fürs Gymnasium
10-Minuten-Trainer

Mein Stickerbogen

Für jede gelöste Doppelseite in diesem Arbeitsheft darfst du dich mit einem **Erfolgssticker** belohnen.
Suche dir einfach einen Sticker aus und klebe ihn in das dafür vorgesehene Feld am Ende jeder Doppelseite.

Illustrationen: Hans-Jürgen Feldhaus

960.165

TIPP Wenn Wörter nicht vor einem Nomen stehen können, sind es auch keine Adjektive!

3 **Welches der Wörter ist ein Adjektiv? Probiere, welches Wort in die Lücke passt und schreibe wie im Beispiel.**

drinnen – innen: der innere Raum

ständig – immer: die .... Ermahnungen

manchmal - gelegentlich: das .... Gewitter

häufig – oft: der .... Streit

schade - bedauerlich: der .... Unfall

TIPP Es gibt einige wenige Adjektive, deren Endung sich nicht verändert, wenn man sie vor ein Nomen setzt.

4 **Setze die Adjektive in die passenden Lücken.**

prima ▪ orange ▪ zwei ▪ fünf ▪ rosa

Eine Mandarine hat eine .... Schale.

Ich habe .... Ohren an meinem Kopf.

An meiner Hand befinden sich .... Finger.

Meine kleine Schwester trägt ein .... T-Shirt.

Da hast du aber eine .... Idee!

Hier kannst du deinen Erfolgssticker platzieren.

Satzglieder und Ergänzungen

Satzglieder

Sätze bestehen aus **Satzgliedern**.
Satzglieder können aus einem oder mehreren Wörtern bestehen:
Alle Kinder gehen zum Sportfest.

Durch die **Umstellprobe** kann man Satzglieder erkennen:
Zum Sportfest gehen alle Kinder.
Gehen alle Kinder zum Sportfest?
Gehen zum Sportfest alle Kinder?

1 Mache die Umstellprobe.

a) Auf dem Sportplatz warten die Eltern.

Die Eltern ....

Warten ....

Warten ....

b) Die Rucksäcke liegen auf der Tribüne.

Auf der Tribüne ....

Liegen ....

Liegen ....

2 Markiere im Satz a) und b) die drei Satzglieder mit unterschiedlichen Farben.

TIPP Wenn ein Satz mehr als drei Satzglieder hat, gibt es viele Möglichkeiten für die Umstellprobe. Man muss nicht immer alle Möglichkeiten finden.

3 **Dieser Satz hat fünf Satzglieder. Stelle ihn dreimal um.**

Zuerst laufen alle Kinder drei Runden um den Fußballplatz.

Alle Kinder ....

....

Um den Fußballplatz ....

....

Laufen ....

....?

4 **Markiere im Satz von Aufgabe 3 die Satzglieder mit unterschiedlichen Farben.**

5 **Mache für die Sätze a) bis c) die Umstellprobe mündlich und markiere die Satzglieder mit unterschiedlichen Farben.**

a) Dabei hören sie fetzige Musik. (4 Satzglieder)

b) Dann hält die Schulleiterin eine Ansprache. (4 Satzglieder)

c) Die Eltern helfen bei den einzelnen Stationen. (3 Satzglieder)

Hier kannst du deinen Erfolgssticker platzieren.

Satzglieder und Ergänzungen

Ortsangaben

Manchmal enthalten Sätze eine **Ortsangabe**.
Diese Satzglieder antworten auf die Frage **Wo?** oder **Wohin?**.

Das Sportfest findet auf einer großen Sportanlage statt.
Wo findet das Sportfest statt? **auf einer großen Sportanlage**

Die Kinder werden mit Bussen zur Sportanlage gefahren.
Wohin werden die Kinder mit Bussen gefahren? **zur Sportanlage**

1 **Frage mit *Wo …?* nach der Ortsangabe und markiere sie.**

a) Die Klasse 4a frühstückt unter den Bäumen.

Wo ……………………………………………………………

b) Im hinteren Teil des Sportplatzes befinden sich die Sprunggruben.

……………………………………………………………

c) Die Kinder können sich in den Umkleidekabinen umziehen.

……………………………………………………………

d) Die Klasse 2a stellt sich vor der Laufbahn an.

……………………………………………………………

2 **Ordne den Sätzen die richtige Frage nach der Ortsangabe zu. Markiere anschließend die Ortsangabe in den Sätzen.**

a) Die Erstklässler gehen zum Wurfplatz.

b) Viele Großeltern sind zum Sportfest gekommen.

c) Da läuft Pias Hund zur Sprunggrube.

d) Pias Großvater läuft hinterher.

e) Er bringt den Hund wieder zur Tribüne.

...b)... Wohin sind viele Großeltern gekommen

.... Wohin läuft Pias Hund?

.... Wohin bringt er den Hund wieder?

.... Wohin gehen die Erstklässler?

.... Wohin läuft Pias Großvater?

3 **Frage für die Sätze a) bis c) mündlich nach den Ortsangaben und markiere sie.**

a) Nun sitzt der Hund bei Pias Großmutter.

b) Die Kinder der Klasse 2b gehen zum Dreibeinlauf.

c) Leons Ball fliegt bis zum Ende der Wiese.

Hier kannst du deinen Erfolgssticker platzieren.

Satzglieder und Ergänzungen

Zeitangaben

Manchmal enthalten Sätze eine **Zeitangabe**.
Diese Satzglieder antworten auf die Frage **Wann?** oder **Wie lange?**.

Das Sportfest findet im Sommer statt.
Wann findet das Sportfest statt? **im Sommer**

Das Sportfest dauert den ganzen Vormittag.
Wie lange dauert das Sportfest? **den ganzen Vormittag**

1 **Ordne den Sätzen die richtige Frage nach der Zeitangabe zu. Markiere anschließend die Zeitangabe in den Sätzen.**

a) Das Sportfest findet am Tag nach den Pfingstferien statt.

b) Alle Kinder sind um 7.45 Uhr an der Schule.

c) Die Busse kommen um 8.00 Uhr.

d) Die Viertklässler gehen sofort zur Bushaltestelle.

....d).... Wann gehen die Viertklässler zur Bushaltestelle?

.... Wann findet das Sportfest statt?

.... Wann kommen die Busse?

.... Wann sind alle Kinder an der Schule?

2 **Frage mit *Wie lange ...?* nach der Zeitangabe. Markiere sie.**

a) Das Sportfest dauert fünf Stunden.

Wie lange ……………………………………………………

b) Die Kinder haben vier Wochen für das Sportfest trainiert.

……………………………………………………

c) Sie laufen zehn Minuten um den Fußballplatz.

……………………………………………………

d) Für das Frühstück haben die Kinder eine halbe Stunde Zeit.

……………………………………………

e) Die Sonne scheint bis zum Ende des Sportfestes.

……………………………………………………

3 **Frage für die Sätze a) bis c) mündlich nach den Zeitangaben und markiere sie.**

a) In der Schule können die Kinder mittags noch etwas essen.

b) Viele Kinder gehen nach dem Sportfest nach Hause.

c) Man kann bis 16.00 Uhr in der Betreuung bleiben.

d) Um 15 Uhr gibt es noch einen Snack.

Hier kannst du deinen Erfolgssticker platzieren.

Subjekt – Prädikat – Objekt

Subjekt

Subjekt und Prädikat sind die wichtigsten Satzglieder.
Das **Subjekt** ist das Satzglied, das sagt, **wer** etwas tut.
Es kann aus einem oder aus mehreren Wörtern bestehen.

Viele Menschen protestieren gegen Umweltverschmutzung.
Wer protestiert gegen Umweltverschmutzung? **viele Menschen**

Für dieses Thema interessieren sich auch Kinder.
Wer interessiert sich für dieses Thema? **Kinder**

Deshalb sind informative Sendungen sehr gefragt.
Wer ist deshalb sehr gefragt? **informative Sendungen**

1 Setze in jeden Satz das passende Subjekt ein. Achte dabei auch auf die Großschreibung am Satzanfang.

große Schiffe ▪ die Ozeane ▪ viele Menschen ▪ viele Tiere und Pflanzen

.... bedecken einen großen Teil der Erdoberfläche.

In den Ozeanen leben ....

.... befahren die Weltmeere.

An den Meeresstränden und auf den Inseln in den Meeren machen .... Urlaub.

TIPP Das Subjekt kann auch manchmal nur ein Pronomen sein.
Darüber freuen wir uns. Es ist gefährlich.

2 **Frage nach den Subjekten. Unterstreiche sie dann in den Sätzen.**

Leider landet in den Weltmeeren viel Müll.

Wer ……………………………………………………………

Plastikmüll verrottet kaum oder nur sehr langsam.

……………………………………………………………

Er zerfällt erst einmal in immer kleinere Stückchen.

……………………………………………………………

Diese kleinen Stückchen ähneln dem Plankton.

……………………………………………………………

Manchmal werden sie deshalb von Lebewesen gefressen.

……………………………………………………………

3 **Frage mündlich nach den Subjekten und unterstreiche sie.**

An einigen Stellen entstehen im Meer riesige Müllteppiche.

Sie sind für die Tiere sehr gefährlich.

Einige Menschen versuchen dieses Problem zu lösen.

Am besten würde der Müll überall auf der Welt ordnungsgemäß entsorgt.

Hier kannst du deinen Erfolgssticker platzieren.

Subjekt – Prädikat – Objekt

Prädikat

Subjekt und Prädikat sind die wichtigsten Satzglieder.
Das **Prädikat** ist das Satzglied, das sagt, **was getan wird** oder **was geschieht**.
Das Prädikat besteht immer aus einem **Verb**.

Die Lehrerin <u>erklärt</u> den Kindern etwas.
Was tut die Lehrerin? **erklären**

Die Kinder <u>recherchieren</u> im Internet.
Was tun die Kinder? **recherchieren**

Es <u>ändert</u> sich etwas.
Was geschieht? ändern

1 Hier sind die Prädikate vertauscht. Schreibe die Sätze richtig auf und unterstreiche die Prädikate.

Die Wissenschaftlerinnen entsorgen an einem Projekt.

Die Müllwerker besichtigen den Müll.

Die Touristen forschen die Delfine.

Die Wissenschaftlerinnen <u>forschen</u> ……………………

……………………………………………………………………

……………………………………………………………………

……………………………………………………………………

……………………………………………………………………

……………………………………………………………………

2 **Frage nach den Prädikaten. Unterstreiche sie dann in den Sätzen.**

Die Biologin untersucht eine Qualle.

Was ....

Die Experten nehmen eine Wasserprobe.

....

Freiwillige helfen den Wissenschaftlern.

....

TIPP Manchmal besteht das Prädikat aus zwei Teilen.
Hilfsverb + Verb: Die Wissenschaftler wollen etwas herausfinden.
Verb in der Zeitform Perfekt: Die Forscherin hat etwas herausgefunden.
Verben mit einer Vorsilbe: Ich finde etwas heraus.

3 **Frage mündlich nach den Prädikaten und unterstreiche sie. Achtung: Hier bestehen alle Prädikate aus zwei Teilen.**

Man kann die Umwelt auf viele Arten schützen.

Wir müssen besonders die Menge an Plastikmüll reduzieren.

Plastiktüten wurden in vielen Ländern verboten.

Getränke werden in Pfandflaschen angeboten.

Hoffentlich machen bald alle Länder weltweit mit!

Hier kannst du deinen Erfolgssticker platzieren.

Objekte (I)

In vielen Sätzen kommen auch Objekte vor.
Die häufigsten Objekte sind **Dativ-Objekte** und **Akkusativ-Objekte**.

Dativ-Objekte kann man mit dem Fragewort **wem** erfragen:
Die Lehrerin erklärt den Kindern die Aufgabe.
Wem erklärt die Lehrerin die Aufgabe? **den Kindern**

Akkusativ-Objekte kann man mit den Fragewörtern **wen** oder **was** erfragen:
Die Lehrerin erklärt den Kindern die Aufgabe.
Was erklärt die Lehrerin den Kindern? **die Aufgabe**
Die Kinder mögen die Lehrerin.
Wen mögen die Kinder? **die Lehrerin**

1 Setze in jeden Satz das passende Akkusativ-Objekt ein.

keine Beutetiere ▪ sie ▪ drei Junge

Die Löwin hat .... bekommen.

Sie muss .... täglich mehrmals säugen.

Nun kann sie .... jagen.

2 Setze in jeden Satz das passende Dativ-Objekt ein.

dem Löwen ▪ der Löwenmutter

Die anderen Löwinnen helfen ....

Die Jungen begegnen .... erst später.

3 **Ordne den Sätzen die richtige Frage nach dem Akkusativ-Objekt zu. Unterstreiche dann die Akkusativ-Objekte.**

a) Als Klassentier hat die 4b hat den Löwen gewählt.

b) Im Internet suchen sie informative Texte.

c) Für ihre Plakate brauchen die Kinder Löwenbilder.

b) Was suchen sie im Internet?

Wen hat die Klasse 4b als Klassentier gewählt?

Was brauchen die Kinder für ihre Plakate?

4 **Ordne den Sätzen die richtige Frage nach dem Dativ-Objekt zu. Unterstreiche dann die Dativ-Objekte.**

a) Der Lehrerin gefällt das Klassentier.

b) Der Klasse fehlt nun noch ein passendes Kuscheltier.

c) Es muss einem echten Löwen natürlich ähnlich sehen!

Wem gefällt das Klassentier?

Wem muss es natürlich ähnlich sehen?

Wem fehlt nun noch das passende Kuscheltier?

Hier kannst du deinen Erfolgssticker platzieren.

Objekte (II)

Dativ-Objekte kann man mit dem Fragewort **wem** erfragen:
Mir gefällt das Thema Tiere sehr
Wem gefällt das Thema Tiere sehr? **mir**

Akkusativ-Objekte kann man mit den Fragewörtern **wen** oder **was** erfragen:
Auch meine Eltern mögen Tiere.
Wen mögen meine Eltern? **Tiere**
Wir sehen uns oft gemeinsam Tierfilme an.
Was sehen wir uns an? **Tierfilme**

1 Frage nach den Akkusativ-Objekten. Unterstreiche sie dann in den Sätzen.

Die Elefanten suchen eine Wasserstelle.

Was ....

Täglich trinken sie viele Liter Wasser.

....

Sie können ihre Artgenossen in zwei Kilometer Entfernung hören.

....

Elefanten fürchten den Menschen eigentlich nicht.

....

2 **Frage nach den Dativ-Objekten. Unterstreiche sie dann in den Sätzen.**

Manchmal drohen Elefanten dem Menschen.

Wem ……………………………………………………………………………

Meist weichen sie unangenehmen Dingen aber einfach aus.

……………………………………………………………………………

Das gelingt ihnen ganz gut.

……………………………………………………………………………

TIPP

Wem oder **wen?**

Die Fragewörter klingen sehr ähnlich.
Wenn man herausfinden möchte, ob es sich um ein Dativ-Objekt oder ein Akkusativ-Objekt handelt, muss man sehr genau sprechen.

3 **Frage mündlich nach den unterstrichenen Objekten und schreibe das Fragewort in die Klammer. Achtung: Es kommen sowohl Dativ-Objekte als auch Akkusativ-Objekte vor!**

Die Klasse 4c hat sich als Klassentier den Elefanten (……………………) ausgesucht.

Paul erzählt seinen Eltern (……………………………) die interessante Neuigkeit.

Sie hören ihm (……………………………) aufmerksam zu.

Hier kannst du deinen Erfolgssticker platzieren.

Besondere Satzzeichen

Kommas bei Aufzählungen

Bei **Aufzählungen** benutzt man **Kommas**.
In Sätzen kann Verschiedenes aufgezählt werden.

Nomen: Am Himmel sieht man Sterne, Planeten und den Mond.
Verben: Ich recherchiere, lese und schreibe über das Thema Weltall.
Adjektive: Der Mond kann rund, halbrund und sichelförmig sein.
Satzglieder: Ich suche das Buch auf meinem Schreibtisch, unter meinem Bett, auf dem Sofa und im Garten.

Vor **und** und **oder** benutzt man keine Kommas.

1 Markiere die Aufzählungen. Noch fehlen die Kommas!

Nicht alles, was nachts am Himmel leuchtet, ist ein Stern ein Planet oder der Mond. Man kann auch das Licht von Satelliten Flugzeugen Wetterballons Heißluftballons Sternschnuppen oder manchmal sogar einem Kometen sehen. In den großen Städten ist es aber schwierig, den nächtlichen Himmel zu beobachten. Dort ist es einfach zu hell, weil zu viele künstliche Lichtquellen leuchten, wie zum Beispiel Straßenlaternen Leuchtreklamen Lichter aus Wohnhäusern und Autoscheinwerfer.

2 Setze die sieben Kommas an den richtigen Stellen ein.

3 Schreibe die Sätze ab und füge dabei die neun notwendigen Kommas ein.

Die neun Planeten in unserem Sonnensystem waren früher Merkur Venus Erde Mars Jupiter Saturn Uranus Neptun und Pluto. 2006 wurde in der Internationalen Astronomischen Union lange wegen Pluto überlegt argumentiert diskutiert und gestritten. Nach heutiger Definition ist Pluto kein Planet mehr.

Die neun Planeten in unserem Sonnensystem ....

....

....

....

....

....

....

....

....

Nach heutiger Definition ist Pluto kein Planet mehr.

4 Finde die beiden überzähligen Kommas und kreise sie ein.

Unsere acht Planeten bestehen aus unterschiedlichen Materialien, wie Metall, Gestein, Wasser, und verschiedenen Gasen. Sie erscheinen dem Betrachter in unterschiedlichen Farben, zum Beispiel bläulich, rötlich, weiß, gelb, oder grau.

Hier kannst du deinen Erfolgssticker platzieren.

Kommas bei Konjunktionen

Konjunktionen sind **Bindewörter**, zum Beispiel:
weil, **wenn**, **obwohl**, **dass**, **als**.
Sie verbinden zwei Sätze miteinander.
Manchmal verändert sich dabei die Reihenfolge der Wörter etwas.

Wir kommen Freitag später nach Hause. Wir fahren ins Planetarium.
Wir kommen Freitag später nach Hause**, weil** wir ins Planetarium fahren.

In Sätzen mit einer Konjunktion wird ein Komma gesetzt.

1 Immer zwei der Einzelsätze hier und ein langer Satz auf der nächsten Seite gehören zusammen. Markiere sie mit derselben Farbe.

1) Der Mond erscheint uns als leuchtender Himmelskörper.
2) Er wird von der Sonne angestrahlt.

1) Die Erde wirft einen Schatten auf den Mond.
2) Sie schiebt sich zwischen die Sonne und den Mond.

1) Es gibt eine Mondfinsternis.
2) Der Mond wird vom Schatten der Erde bedeckt.

Burkhard Kracke, Hannover

Bei einer Mondfinsternis ist die Mondoberfläche immer noch zu sehen.

Es gibt eine Mondfinsternis, weil der Mond vom Schatten der Erde bedeckt wird.

Der Mond erscheint uns als ein leuchtender Himmelskörper, weil er von der Sonne angestrahlt wird.

Die Erde wirft einen Schatten auf den Mond, weil sie sich zwischen die Sonne und den Mond schiebt.

2 **Markiere die Kommas in den langen Sätzen von Aufgabe 1.**

3 **Verbinde die Sätze jeweils mit der Konjunktion *wenn*. Denke an die Kommas.**

Es wird mitten am Tag dunkel. Es gibt eine Sonnenfinsternis.

Es wird ....

wenn es ....

Die Sonne wird vom Mond verdeckt. Der Mond schiebt sich vor die Sonne.

Die Sonne ....

wenn ....

Die Menschen müssen eine Spezialbrille tragen. Sie wollen die Sonne beobachten.

Die Menschen ....

....

Hier kannst du deinen Erfolgssticker platzieren.

Besondere Satzzeichen

Redezeichen beim vorangestellten Begleitsatz

Ein **Redesatz** wird mit **Redezeichen** gekennzeichnet.
Im **Begleitsatz** erfährt man, wer spricht.

Wenn der Begleitsatz vor dem Redesatz steht, wird ein **Doppelpunkt** benutzt.
Herr Perath sagt: „Morgen fahren wir ins Planetarium."
Paul ruft: „Ich freue mich schon so!"
Mia fragt: „Sehen wir uns dann auch verschiedene Sternbilder an?"

1 Setze die fehlenden Doppelpunkte und Redezeichen ein.

Peter sagt Ich kenne schon viele Sternbilder.
Valentina ruft Ich möchte unbedingt den Großen Wagen kennenlernen!

2 Sprechblase, Begleitsatz, Redesatz: Was passt zusammen? Markiere in derselben Farbe.

Levi fragt: „Ob wir auch die etwas selteneren Sternbilder kennenlernen werden?"

3 **Verwandle den Text in der Sprechblase in Begleitsatz und Redesatz. Denke an die Satzzeichen.**

Marie

Der größte Stern, den ich kenne, ist der Stern Beteigeuze.

Marie sagt: ……………………………………………………………

……………………………………………………………………………

Faruk

Ist nicht der Stern Rigel noch heller?

……………………………………………………………………………

……………………………………………………………………………

Mathilda

Ja, aber Beteigeuze ist trotzdem größer!

……………………………………………………………………………

……………………………………………………………………………

Hier kannst du deinen Erfolgssticker platzieren.

Besondere Satzzeichen

Redezeichen beim nachgestellten Begleitsatz

Ein **Redesatz** wird mit **Redezeichen** gekennzeichnet.
Im **Begleitsatz** erfährt man, wer spricht.

Wenn der Begleitsatz hinter dem Redesatz steht, wird der Redesatz mit einem **Komma** abgetrennt.

„Guten Morgen. Ich arbeite im Planetarium**“,** erklärt Frau Laker.
„Erfahren wir auch etwas über die Raumsonde New Horizons?**“,** will Jonathan wissen.
„Hoffentlich, das finde ich nämlich echt spannend!**“,** ruft Emma.

1 Markiere die Redesätze rot und die Begleitsätze grün.

„Ja, in einem Raum unseres Planetariums wird über die New Horizons berichtet“, erzählt Frau Laker.
„Dürfen wir auch alleine in die Ausstellungsräume des Planetariums gehen?“, erkundigt sich Emilia.

2 Setze die fehlenden Redezeichen und Kommas ein.

Die New Horizons war die erste Raumsonde, die zur Erforschung von Pluto eingesetzt wurde berichtet Frau Laker.
Weiß jemand von euch, wann die New Horizons startete? will sie wissen.
Ja, das war im Jahre 2006! ruft David begeistert.

TIPP Beim nachgestellten Begleitsatz entfällt der Punkt nach dem Redesatz.

3 Schreibe die Sätze mit allen fehlenden Satzzeichen auf.

Damals galt Pluto noch als Planet erklärt Frau Laker

„Damals

Heute ist Pluto nur noch ein Zwergplanet ruft Smilla

Trotzdem sind die Forschungsergebnisse wichtig sagt Frau Laker

Wusstet ihr, dass der Start der Raumsonde mehrmals verschoben werden musste fragt sie

Das lag vor allem an starkem Wind und dichter Bewölkung berichtet Frau Laker

Hier kannst du deinen Erfolgssticker platzieren.

Nomen

Wenn du zum Thema **Nomen** noch mehr üben möchtest, schau dir doch einmal den Band *Fit fürs Gymnasium* ***Intensiv-Trainer Übergang 4→5 Deutsch*** (ISBN 978-3-507-23270-9) an.

Konkrete Nomen

Seite 6

1. Mutter – Salat – Kaninchen
   Schrank – Krokodil – Astronaut
   Schmetterling – Kastanie – Gabel
   Mädchen – Rose – Fenster
2. Gegenstände: Schrank, Gabel, Fenster
   Menschen: Mutter, Astronaut, Mädchen
   Tiere: Kaninchen, Krokodil, Schmetterling
   Pflanzen: Salat, Kastanie, Rose

Seite 7

3. Die viertklässler besuchen heute einen künstler in seiner werkstatt. Dort fertigt er figuren aus metall an. Die meisten figuren werden sehr groß. Deshalb ist die werkstatt in einer alten scheune untergebracht. Auf dem hof vor der scheune steht eine riesige alte linde. Die bänke rund um die linde sind so lang, dass viele kinder einen sitzplatz finden.
4. Die Viertklässler besuchen heute einen Künstler in seiner Werkstatt. Dort fertigt er Figuren aus Metall an. Die meisten Figuren werden sehr groß. Deshalb ist die Werkstatt in einer alten Scheune untergebracht. Auf dem Hof vor der Scheune steht eine riesige alte Linde. Die Bänke rund um die Linde sind so lang, dass viele Kinder einen Sitzplatz finden.

Abstrakte Nomen

Seite 8

1.

Angenehme Gefühle	Unangenehme Gefühle
die Freude	die Wut
die Liebe	der Ärger
das Glück	der Neid
der Spaß	die Angst
der Mut	die Eifersucht

2. Bei unserem letzten Klassenfest hatten wir alle viel Spaß. Und dass wir auch noch richtig gutes Wetter hatten, war ein großes Glück! Nur der Hund unserer Lehrerin hatte am Anfang ein bisschen Angst vor den vielen Kindern.

Seite 9

3. der Morgen, der Vormittag, der Nachmittag, der Abend
   der Frühling, der Sommer, der Herbst, der Winter
   der März, der Mai, der September, der November
4. die Sekunde, die Minute, die Stunde, der Monat, das Jahr
5. individuelle Schülerlösung

Einzahl und Mehrzahl

Seite 10

1.

Nomen auf -er	Nomen auf -en/-n
die Gespenster	die Löwen
die Bücher	die Betten
die Rinder	die Ohren
die Räder	die Sonnen
Nomen auf -s	**Nomen auf -e**
die Kinos	die Steine
die Ponys	die Telefone
die Opas	die Stifte
die Parks	die Hände

Seite 11

2. Die Wagen fahren schnell.
   Die Gürtel sind schön.
   Die Mädchen schlafen.
3. Obst ist gesund, weil es viele Vitamine enthält.
   Meine Eltern heißen mit Vornamen Anja und Frank.
   Der Regen prasselt aus den Wolken auf das Dach.
   Im Sommer sind die Ferien ganz besonders lang.
   Die Leute an der Haltestelle warten auf den Bus.
   Gold ist ein kostbares und teures Metall.

Die Artikel

Seite 12

1. Der schiedsrichter pfeift das spiel an. Tim spielt den fußball zu Paul. Paul stoppt den ball mit dem knie. Die zuschauer feuern die mannschaft an. Torben gelingt ein tor!
2. Der Schiedsrichter pfeift das Spiel an. Tim spielt den Fußball zu Paul. Paul stoppt den Ball mit dem Knie. Die Zuschauer feuern die Mannschaft an. Torben gelingt ein Tor!

Seite 13

3. Nach der ersten Halbzeit steht es unentschieden. In der kurzen Pause ermutigt der nette Trainer die müden Kinder. Alle kühlen sich mit dem kalten Wasser die erhitzten Gesichter. Dann singen sie das kämpferische Mannschaftslied. Auf geht es in die zweite Halbzeit!
4. der runde ball
   der runde Ball
   die schmutzige hose
   die schmutzige Hose
   das verschwitzte hemd
   das verschwitzte Hemd
   ein interessanter sport
   ein interessanter Sport
   die neuen schuhe
   die neuen Schuhe
   das erfrischende wasser
   das erfrischende Wasser

Die vier Fälle (I)

Seite 14

1. Vormittags fegt der Hausmeister den Schulhof. In der Pause dürfen wir dem Hausmeister manchmal helfen. Die meisten Kinder mögen den Hausmeister gern. Und den Hund des Hausmeisters mögen alle gern!
2. Wenn es eine Regenpause gibt, macht die Sekretärin eine Durchsage. Wenn sie Geburtstag hat, singen die Chorkinder ein Lied für die Sekretärin und die Eltern schenken der Sekretärin einen Blumenstrauß. Das knallgelbe Fahrrad der Sekretärin kennt jedes Kind!

Seite 15

3. Jedes Jahr im Juni findet an unserer Schule das Sommerfest statt. Jede Klasse bereitet etwas für das Sommerfest vor. Die Einnahmen des Sommerfestes erhält der Förderverein. Von dem Sommerfest erzählen alle immer noch Wochen später.
4. Die Schulleiterin wohnt direkt neben der Schule. Das Auto der Schulleiterin parkt immer vor dem Schultor. Das kleine Gartenstück neben dem Schulhof gehört der Schulleiterin. Im Winter haben die Kinder einen Schneemann für die Schulleiterin gebaut.

Die vier Fälle (II)

Seite 16

1. Wem begegnet man nur selten?
   Wer ist ein Einzelgänger?
   Wessen Fell ist gestreift?
   Wen fürchten viele Menschen?

Seite 17

2. Wer lebt in Afrika? *Nominativ*
   Wem ist das Rudel sehr wichtig? *Dativ*
   Wessen Mähne ist buschig? *Genitiv*
3. Wer lebt in Flüssen? *Nominativ*
   Wessen Hörner sind gefährlich? *Genitiv*
   Wen fürchten die Giraffen nicht? *Akkusativ*
   Wem bietet die Nacht Schutz? *Dativ*
   Wen sieht man nur selten? *Akkusativ*
   Wer kreist am Himmel? *Nominativ*
   Wen stört die Sonne nicht? *Akkusativ*

Verben

Wenn du zum Thema **Verben** noch mehr üben möchtest, schau dir doch einmal den Band *Fit fürs Gymnasium* ***Intensiv-Trainer Übergang 4→5 Deutsch*** (ISBN 978-3-507-23270-9) an.

Personalformen

Seite 18

1. Diese Wörter sind Verben:
   träumen
   schwimmen
   radieren
   putzen
   abholen
   regnen
   schmatzen

2.

ich	lache
du	lachst
er/sie/es	lacht
wir	lachen
ihr	lacht
sie	lachen

Seite 19

3.

ich	lese	gebe
du	liest	gibst
er/sie/es	liest	gibt
wir	lesen	geben
ihr	lest	gebt
sie	lesen	geben

4./5. Opa mag seine Katze.
Wir mögen den Sportunterricht.
Morgens mag ich gern ein Müsli.
Du magst keine Erdbeeren?

Zeitformen der Verben

Seite 20/21

1. Ein Text in der Zeitform **Perfekt**
   Ein Text in der Zeitform **Präsens**
   Ein Text in der Zeitform **Präteritum**

Seite 21

2.

Präsens	Präteritum	Perfekt
ich gehe	ich ging	ich bin gegangen
wir spielen	wir spielten	wir haben gespielt
wir machen	wir machten	wir haben gemacht
es kommt	es kam	es ist gekommen
wir entscheiden	wir entschieden	wir haben entschieden
ich wähle	ich wählte	ich habe gewählt

3. Morgen werde ich mit meiner Freundin zum Zirkustraining gehen. Erst werden wir ein Aufwärmspiel spielen. Dann werden wir Kraftübungen machen. Dann wird der schönste Teil des Trainings kommen: Wir werden uns für einen Trainingsschwerpunkt entscheiden. Ich werde wie immer die Luftakrobatik wählen.

Präteritum und Perfekt

Seite 22

1. Gerade habe ich ein Eichhörnchen beobachtet. Es ist von einem Baum auf den Boden gesprungen. Dort hat es nach Futter gesucht. Und tatsächlich hat es eine Nuss gefunden. Es hat sie genüsslich gefressen.
2. Gestern beobachtete ich ein Eichhörnchen. Es sprang von einem Baum auf den Boden. Dort suchte es nach Futter. Und tatsächlich fand es eine Nuss. Es fraß sie genüsslich.

Seite 23

3.

Grundform	Perfekt	Präteritum
beobachten	ich habe beobachtet	ich beobachtete
springen	es ist gesprungen	es sprang
suchen	es hat gesucht	es suchte
finden	es hat gefunden	es fand
fressen	es hat gefressen	es fraß

4. Präsens: Dann putzt es sein Fell.
   Perfekt: Dann hat es sein Fell geputzt.

   Präteritum: Plötzlich kam ein Hund.
   Perfekt: Plötzlich ist ein Hund gekommen.

   Präsens: Da saust es auf einen Baum.
   Präteritum: Da sauste es auf einen Baum.

Zeitformen verwenden

Seite 24

1. Wie wird es wohl nach den Sommerferien weitergehen? In meine neue Klasse werden 30 Kinder gehen. Beim Kennenlernnachmittag werde ich meine neue Klassenlehrerin sehen. Die neuen Fächer Erdkunde und Biologie werden mir bestimmt viel Spaß machen.

Seite 25

2. Gestern haben wir unsere Abschiedsfeier geplant. Schon auf der Klassenfahrt sprachen wir davon, wie die Feier ablaufen könnte. Die Klasse meines Bruders organisierte die Abschlussfeier letztes Jahr an einem Picknickplatz auf einer Waldlichtung. Diese Idee gefällt meinen Freunden und mir, weil man dort Fußball spielen kann. Außerdem gibt es dort viele Kletterbäume. Das finden viele andere Kinder wichtig. Unserer Lehrerin hat die Idee wirklich gut gefallen. Aus diesem Grund hat sie vorgeschlagen, heute einmal zu Hause nach der Meinung der Eltern zu fragen. Hoffentlich werden wir uns für diesen Vorschlag entscheiden!

Verben mit Vorsilben

Seite 26

1. abschneiden
   verbieten
   angeben
   aufessen
   einfallen
2. mitfahren
   ankommen
   aufmachen
   einparken
   übernehmen

Seite 27

3. Ich gebe ab.
   Ich habe abgegeben.
   Ich gab ab.
   Ich werde abgeben.

   Er fährt los.
   Er ist losgefahren.
   Er fuhr los.
   Er wird losfahren.

   Du räumst auf.
   Du hast aufgeräumt.
   Du räumtest auf.
   Du wirst aufräumen.

Adjektive

Wenn du zum Thema **Adjektive** noch mehr üben möchtest, schau dir doch einmal den Band *Fit fürs Gymnasium* ***Intensiv-Trainer Übergang 4→5 Deutsch*** (ISBN 978-3-507-23270-9) an.

Merkmale von Adjektiven

Seite 28

1./2. nett, glücklich, offen, windig
böse, nebelig, traurig, süß
wütend, nötig, grün, gemein

Seite 29

3. leise – laut
lang – kurz
viel – wenig
dünn – dick
klug – dumm
warm – kalt
4. unfreundlich
ungerecht
unsicher
unruhig
5. Wortfeld **groß**: riesig, gewaltig, gigantisch, ~~klein~~, umfangreich
Wortfeld **klug**: ~~müde~~, schlau, vernünftig, gescheit, umsichtig
Wortfeld **schön**: prächtig, ~~schmutzig~~, hübsch, prachtvoll

Vergleichsformen

Seite 30

1. Die Kastanie ist hoch. Die Eiche ist höher als die Kastanie. Die Esche ist genauso hoch wie die Platane. Beide sind höher als die Eiche. Die Kiefer ist am höchsten.

Seite 31

2. Beispieltext:
Das Känguru ist schnell. Der Strauß ist genauso schnell wie der Feldhase. Beide sind schneller als das Känguru. Der Gabelbock ist schneller als der Strauß und der Feldhase. Der Gepard ist am schnellsten.

3.

Grundform	Steigerungsform	Höchstform
laut	lauter	am lautesten
nett	netter	am nettesten
nebelig	nebelig	am nebeligsten
gut	besser	am besten
viel	mehr	am meisten

Adjektive in Sätzen verwenden

Seite 32

1. der graue Stein
das leckere Bonbon
die kleinen Mäuse
der braune Pilz
das frische Brot
2. Das Meer ist blau.
Der Stein ist spitz.
Die Hose ist neu.
Die Hasen sind niedlich.
Die Haare sind nass.

Seite 33

3. der innere Raum
die ständigen Ermahnungen
das gelegentliche Gewitter
der häufige Streit
der bedauerliche Unfall
4. Eine Mandarine hat eine orange Schale.
Ich habe zwei Ohren an meinem Kopf.
An meiner Hand befinden sich fünf Finger.
Meine kleine Schwester trägt ein rosa T-Shirt.
Da hast du aber eine prima Idee!

Satzglieder und Ergänzungen

Wenn du zum Thema **Satzglieder und Ergänzungen** noch mehr üben möchtest, schau dir doch einmal den Band *Fit fürs Gymnasium* ***Intensiv-Trainer Übergang 4→5 Deutsch*** (ISBN 978-3-507-23270-9) an.

Satzglieder

Seite 34

1. a) Die Eltern warten auf dem Sportplatz.
Warten auf dem Sportplatz die Eltern?
Warten die Eltern auf dem Sportplatz?
b) Auf der Tribüne liegen die Rucksäcke.
Liegen auf der Tribüne die Rucksäcke?
Liegen die Rucksäcke auf der Tribüne?
2. Auf dem Sportplatz warten die Eltern.
Die Rucksäcke liegen auf der Tribüne.

Seite 35

3. Alle Kinder laufen zuerst drei Runden um den Fußballplatz.
Um den Fußballplatz laufen alle Kinder zuerst drei Runden.
Laufen alle Kinder zuerst drei Runden um den Fußballplatz?

4. Zuerst laufen alle Kinder drei Runden um den Fußballplatz.
5. Dabei hören sie fetzige Musik.
   Dann hält die Schulleiterin eine Ansprache.
   Die Eltern helfen bei den einzelnen Stationen.

Ortsangaben

Seite 36

1. a) Die Klasse 4a frühstückt unter den Bäumen. *Wo frühstückt die Klasse 4a?*
   b) Im hinteren Teil des Sportplatzes befinden sich die Sprunggruben. *Wo befinden sich die Sprunggruben?*
   c) Die Kinder können sich in den Umkleidekabinen umziehen. *Wo können sich die Kinder umziehen?*
   c) Die Klasse 2a stellt sich vor der Laufbahn an. *Wo stellt sich die Klasse 2a an?*

Seite 37

2. a) Die Erstklässler gehen zum Wurfplatz.
   b) Viele Großeltern sind zum Sportfest gekommen.
   c) Da läuft Pias Hund zur Sprunggrube.
   d) Pias Großvater läuft hinterher.
   e) Er bringt den Hund wieder zur Tribüne.

   b) Wohin sind viele Großeltern gekommen?
   c) Wohin läuft Pias Hund?
   e) Wohin bringt er den Hund wieder?
   a) Wohin gehen die Erstklässler?
   d) Wohin läuft Pias Großvater?
3. a) *Wo sitzt der Hund?* Nun sitzt der Hund bei Pias Großmutter.
   b) *Wohin gehen die Kinder der Klasse 2b?* Die Kinder der Klasse 2b gehen zum Dreibeinlauf.
   c) *Wohin fliegt Leons Ball?* Leons Ball fliegt bis zum Ende der Wiese.

Zeitangaben

Seite 38

1. a) Das Sportfest findet am Tag nach den Pfingstferien statt.
   b) Alle Kinder sind um 7.45 Uhr an der Schule.
   c) Die Busse kommen um 8.00 Uhr.
   d) Die Viertklässler gehen sofort zur Bushaltestelle.

   d) Wann gehen die Viertklässler zur Bushaltestelle?
   a) Wann findet das Sportfest statt?
   c) Wann kommen die Busse?
   b) Wann sind alle Kinder an der Schule?

Seite 39

2. a) Das Sportfest dauert fünf Stunden. *Wie lange dauert das Sportfest?*
   b) Die Kinder haben vier Wochen für das Sportfest trainiert. *Wie lange haben die Kinder für das Sportfest trainiert?*
   c) Sie laufen zehn Minuten um den Fußballplatz. *Wie lange laufen sie um den Fußballplatz?*
   d) Für das Frühstück haben die Kinder eine halbe Stunde Zeit. *Wie lange haben die Kinder für das Frühstück Zeit?*
   e) Die Sonne scheint bis zum Ende des Sportfestes. *Wie lange scheint die Sonne?*
3. a) *Wann können die Kinder in der Schule noch etwas essen?* In der Schule können die Kinder mittags noch etwas essen.
   b) *Wann gehen viele Kinder nach Hause?* Viele Kinder gehen nach dem Sportfest nach Hause.
   c) *Wie lange kann man in der Betreuung bleiben?* Man kann bis 16.00 Uhr in der Betreuung bleiben.
   d) *Wann gibt es noch einen Snack?* Um 15 Uhr gibt es noch einen Snack.

Subjekt – Prädikat – Objekt

Wenn du zum Thema **Subjekt – Prädikat – Objekt** noch mehr üben möchtest, schau dir doch einmal den Band *Fit fürs Gymnasium* ***Intensiv-Trainer Übergang 4→5 Deutsch*** (ISBN 978-3-507-23270-9) an.

Subjekt

Seite 40

1. Die Ozeane bedecken einen großen Teil der Erdoberfläche.
   In den Ozeanen leben viele Tiere und Pflanzen.
   Große Schiffe befahren die Weltmeere.
   An den Meeresstränden und auf den Inseln in den Meeren machen viele Menschen Urlaub.

Seite 41

2. Leider landet in den Weltmeeren viel Müll.
   Wer landet in den Weltmeeren?
   Plastikmüll verrottet kaum oder nur sehr langsam. *Wer verrottet kaum oder nur sehr langsam?*
   Er zerfällt erst einmal in immer kleinere Stückchen. *Wer zerfällt in immer kleinere Stückchen?*
   Diese kleinen Stückchen ähneln dem Plankton.
   Wer ähnelt dem Plankton?
   Manchmal werden sie deshalb von Lebewesen gefressen. *Wer wird deshalb von manchen Lebewesen gefressen?*
3. *Was entsteht im Meer an einigen Stellen?*
   An einigen Stellen entstehen im Meer riesige Müllteppiche.
   Wer ist für die Tiere sehr gefährlich? Sie sind für die Tiere sehr gefährlich.
   Wer versucht dieses Problem zu lösen?
   Einige Menschen versuchen dieses Problem zu lösen.
   Was würde am besten überall auf der Welt ordnungsgemäß entsorgt? Am besten würde der Müll überall auf der Welt ordnungsgemäß entsorgt.

Prädikat

Seite 42

1. Die Wissenschaftlerinnen forschen an einem Projekt.
   Die Müllwerker entsorgen den Müll.
   Die Touristen besichtigen die Delfine.

Seite 43

2. Die Biologin untersucht eine Qualle.
   Was tut die Biologin?
   Die Experten nehmen eine Wasserprobe.
   Was tun die Experten?
   Freiwillige helfen den Wissenschaftlern.
   Was tun die Freiwilligen?
3. Man kann die Umwelt auf viele Arten schützen.
   Wir müssen besonders die Menge an Plastikmüll reduzieren.
   Plastiktüten wurden in vielen Ländern verboten.
   Getränke werden in Pfandflaschen angeboten.
   Hoffentlich machen bald alle Länder weltweit mit!

Objekte (I)

Seite 44

1. Die Löwin hat drei Junge bekommen.
   Sie muss sie täglich mehrmals säugen.
   Nun kann sie keine Beutetiere jagen.
2. Die anderen Löwinnen helfen der Löwenmutter.
   Die Jungen begegnen dem Löwen erst später.

Seite 45

3. a) Als Klassentier hat die 4b hat den Löwen ausgewählt.
   b) Im Internet suchen sie informative Texte.
   c) Für ihre Plakate brauchen die Kinder Löwenbilder.

   b) Was suchen sie im Internet?
   a) Wen hat die Klasse 4b als Klassentier ausgewählt?
   c) Was brauchen die Kinder für ihre Plakate?

4. a) Der Lehrerin gefällt das Klassentier.
   b) Der Klasse fehlt nun noch ein passendes Kuscheltier.
   c) Es muss einem echten Löwen natürlich ähnlich sehen!

   a) Wem gefällt das Klassentier?
   c) Wem muss es natürlich ähnlich sehen?
   b) Wem fehlt nun noch das passende Kuscheltier?

Objekte (II)

Seite 46

1. Die Elefanten suchen eine Wasserstelle.
   Was suchen die Elefanten?
   Täglich trinken sie viele Liter Wasser.
   Was trinken sie täglich?
   Sie können ihre Artgenossen in zwei Kilometer Entfernung hören. *Wen können sie in zwei Kilometer Entfernung hören?*
   Elefanten fürchten den Menschen eigentlich nicht. *Wen fürchten Elefanten eigentlich nicht?*

Seite 47

2. Manchmal drohen Elefanten dem Menschen.
   Wem drohen Elefanten manchmal?
   Meist weichen sie unangenehmen Dingen aber einfach aus. *Wem weichen sie meist einfach aus?*
   Das gelingt ihnen ganz gut. *Wem gelingt das ganz gut?*
3. Die Klasse 4c hat sich als Klassentier den Elefanten (Wen?) ausgesucht.
   Paul erzählt seinen Eltern (Wem?) die interessante Neuigkeit.
   Sie hören ihm (Wem?) aufmerksam zu.

Besondere Satzzeichen

Wenn du zum Thema **Besondere Satzzeichen** noch mehr üben möchtest, schau dir doch einmal den Band *Fit fürs Gymnasium* ***Intensiv-Trainer Übergang 4→5 Deutsch*** (ISBN 978-3-507-23270-9) an.

Kommas bei Aufzählungen

Seite 48

1./2. Nicht alles, was nachts am Himmel leuchtet, ist ein Stern, ein Planet oder der Mond. Man kann auch das Licht von Satelliten, Flugzeugen, Wetterballons, Heißluftballons, Sternschnuppen oder manchmal sogar einem Kometen sehen. In den großen Städten ist es aber schwierig, den nächtlichen Himmel zu beobachten. Dort ist es einfach zu hell, weil zu viele künstliche Lichtquellen leuchten, wie zum Beispiel Straßenlaternen, Leuchtreklamen, Lichter aus Wohnhäusern und Autoscheinwerfer.

Seite 49

3. Die neun Planeten in unserem Sonnensystem waren früher Merkur, Venus, Erde, Mars, Jupiter, Saturn, Uranus, Neptun und Pluto. 2006 wurde in der Internationalen Astronomischen Union lange wegen Pluto überlegt, argumentiert, diskutiert und gestritten. Nach heutiger Definition ist Pluto kein Planet mehr.
4. Unsere acht Planeten bestehen aus ganz unterschiedlichen Materialien, wie Metall, Gestein, Wasser, und verschiedenen Gasen. Sie erscheinen dem Betrachter in unterschiedlichen Farben, zum Beispiel bläulich, rötlich, weiß, gelb, oder grau.

Kommas bei Konjunktionen

Seite 50

1./2. Diese Sätze gehören jeweils zusammen:

Der Mond erscheint uns als leuchtender Himmelskörper.
Er wird von der Sonne angestrahlt.
Der Mond erscheint uns als ein leuchtender Himmelskörper, weil er von der Sonne angestrahlt wird.

Die Erde wirft einen Schatten auf den Mond.
Sie schiebt sich zwischen die Sonne und den Mond.
Die Erde wirft einen Schatten auf den Mond, weil sie sich zwischen die Sonne und den Mond schiebt.

Es gibt eine Mondfinsternis.
Der Mond wird vom Schatten der Erde bedeckt.
Es gibt eine Mondfinsternis, weil der Mond vom Schatten der Erde bedeckt wird.

Seite 51

3. Es wird mitten am Tag dunkel, wenn es eine Sonnenfinsternis gibt.
Die Sonne wird vom Mond verdeckt, wenn sich der Mond vor die Sonne schiebt.
Die Menschen müssen eine Spezialbrille tragen, wenn sie die Sonne beobachten wollen.

Redezeichen beim vorangestellten Begleitsatz

Seite 52

1. Peter sagt: „Ich kenne schon viele Sternbilder."
Valentina ruft: „Ich möchte unbedingt den Großen Wagen kennenlernen!"
2. Begleitsatz, Redesatz

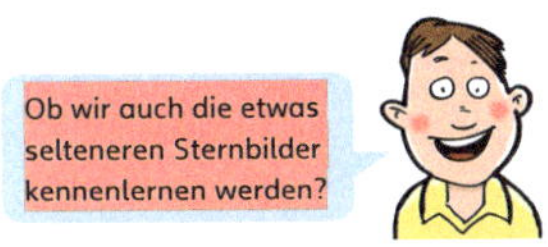

Levi fragt: „Ob wir auch die etwas selteneren Sternenbilder kennenlernen werden?"

Seite 53

3. (Die Begleitsätze sind Beispielsätze.)
Marie sagt: „Der größte Stern, den ich kenne, ist Beteigeuze."
Faruk fragt: „Ist der Stern Rigel nicht noch heller?"
Mathilda meint: „Ja, aber Beteigeuze ist trotzdem größer!"

Redezeichen beim nachgestellten Begleitsatz

Seite 54

1. „Ja, in einem Raum unseres Planetariums wird über die New Horizons berichtet", erzählt Frau Laker.
„Dürfen wir auch alleine in die Ausstellungsräume des Planetariums gehen?", erkundigt sich Emilia.
2. „Die New Horizons war die erste Raumsonde, die zur Erforschung von Pluto eingesetzt wurde", berichtet Frau Laker.
„Weiß jemand von euch, wann die New Horizons startete?", will sie wissen.
„Ja, das war im Jahre 2006!", ruft David begeistert.

Seite 55

3. „Damals galt Pluto noch als Planet", erklärt Frau Laker.
„Heute ist Pluto nur noch ein Zwergplanet!", ruft Smilla.
„Trotzdem sind die Forschungsergebnisse wichtig", sagt Frau Laker.
„Wusstet ihr, dass der Start der Raumsonde mehrmals verschoben werden musste?", fragt sie.
„Das lag vor allem am starken Wind und dichter Bewölkung", berichtet Frau Laker.

Fit fürs Gymnasium

Intensiv-Trainer

Mit Sofort-Fehlercheck fürs Handy!

Die Intensiv-Trainer zur Wiederholung aller zentralen Lerninhalte der Grundschule

Der komplette Grundschulstoff:

- verständliche Erklärungen mit vielen Beispielen und Tipps
- abwechslungsreiche Übungen mit anschaulichen Lösungen

Effektiv lernen:

- Einstiegstest zur Bestimmung des Übungsbedarfs
- Tests zur Überprüfung des Lernfortschritts

Gibt es für die Fächer Deutsch, Mathematik und Englisch (Preis: 14,95 Euro)

Für den sicheren Übergang von der 4. in die 5. Klasse!

westermann

Immer auf den Punkt